NATIONAL GEOGRAPHIC

Peldaños

PONER EN MARCHA

T0061105

LOS COMBUSTIBLES
fósiles

por Robert Phalen

La mayor parte de la energía que usamos proviene de la quema de combustibles fósiles carbón, petróleo y gas natural. Casi todas las fábricas, negocios y medios de transporte dependen de la energía de los combustibles fósiles. Gran parte de la electricidad que hace funcionar las luces y los teléfonos celulares proviene de las centrales eléctricas que queman estos combustibles. Algunas telas incluso están hechas de petróleo. Los combustibles fósiles influyen en tu vida de numerosas maneras todos los días.

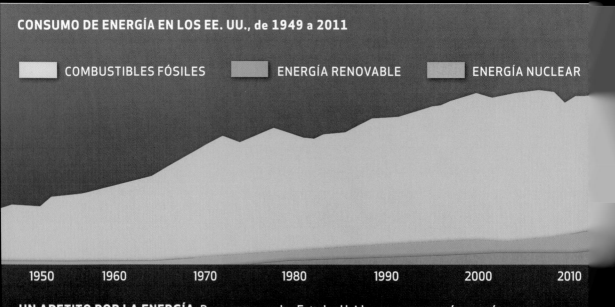

CONSUMO DE ENERGÍA EN LOS EE. UU., de 1949 a 2011

COMBUSTIBLES FÓSILES   ENERGÍA RENOVABLE   ENERGÍA NUCLEAR

1950   1960   1970   1980   1990   2000   2010

UN APETITO POR LA ENERGÍA Por persona, en los Estados Unidos se consume más energía que en cualquier otro país. La mayor parte de esta energía se produce mediante la quema de combustibles fósiles

USO MUNDIAL DE PETRÓLEO

Los Estados Unidos usaron 18,950,000 barriles de petróleo por día en 2011. Un barril contiene casi el petróleo suficiente como para llenar una tina de baño.

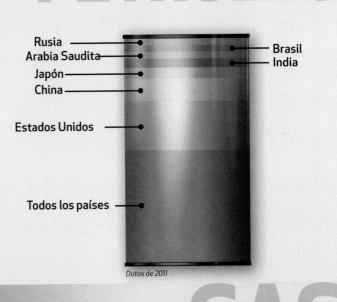

Rusia
Arabia Saudita
Japón
China

Brasil
India

Estados Unidos

Todos los países

Datos de 2011

USO MUNDIAL DE GAS NATURAL

¿Cuánto gas natural se necesita para cocinar alimentos, calentar agua y calefaccionar un hogar? El hogar estadounidense promedio requiere 7 metros cúbicos (250 pies cúbicos) de gas natural por día. Eso es casi el gas suficiente para llenar un baño pequeño.

Se quemaron 3.4 millones de millón de metros cúbicos (120 millones de millón de pies cúbicos) de gas natural en 2010.

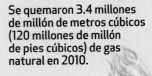

| 1980 | 1990 | 2000 | 2010 |

USO MUNDIAL DE CARBÓN

El carbón se quema principalmente para producir electricidad. En las décadas recientes, la extracción y el uso del carbón han aumentado considerablemente. China consume casi tanto carbón como el resto del mundo.

Asia

Sudamérica   Oceanía   Europa

África   Norteamérica

ORO NEGRO

Oro negro, té de Texas, aceite de roca, crudo burbujeante y sangre de dinosaurio son algunos de los apodos del petróleo. El combustible negro y pegajoso se bombea de pozos de petróleo de cientos de metros de profundidad. La mayor parte del petróleo crudo se procesa en refinerías para hacer gasolina, diésel y otros combustibles líquidos que ponen en marcha carros, aviones, trenes y barcos. El petróleo también se usa para hacer plásticos, cosméticos y fibras artificiales.

∧ Las ruedas de "goma" en realidad están hechas de petróleo. La goma de verdad proviene de la savia de las plantas de caucho.

❯ Las sustancias químicas del petróleo son un ingrediente en muchos cosméticos, como este brillo de labios.

❯ Los motores de los carros funcionan con petróleo. Las partes de los carros también están fabricadas con materiales que pueden contener petróleo. Las alfombras y todas las partes plásticas, por ejemplo, están hechas de petróleo. La carrocería de muchos vehículos ahora se hace con fibras de carbono extremadamente resistentes en lugar de metal. Estas fibras de carbono también están hechas de petróleo.

PETRÓLEO

Hace 5,000 años En la antigüedad se recolectaba el petróleo que salía de agujeros en el suelo, donde el petróleo llega a la superficie. Lo usaban para preservar a las momias y hacer que los barcos fueran impermeables.

1849 El querosén reemplazó al aceite de ballena como el combustible para lámparas más importante. El querosén se hace con petróleo, por lo tanto, ¡debe haber salvado algunas especies de ballenas de su extinción!

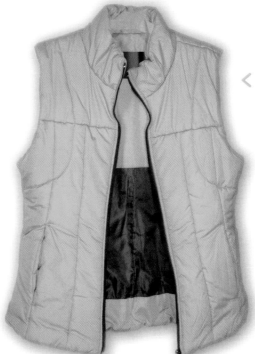

El nailon, el spandex y el poliéster son fibras que se fabrican con petróleo.

Piensa en todas las cosas de plástico que usas, como este control remoto. El plástico está hecho de petróleo.

Los ingredientes principales de los crayones son la parafina, un tipo de cera hecha de petróleo. Otros productos que contienen cera de parafina son las velas, el papel de cera y la crema para zapatos.

1859 Edwin L. Drake perforó el primer pozo de petróleo en Pennsylvania. Ese estado se convirtió en el principal productor mundial del siglo XIX.

Década de 1920 Se inventó un quemador de petróleo que funcionaba con un termostato para controlar la temperatura del aire. Esto significaba que se podía calefaccionar los hogares con petróleo.

Década de 1950 La mayoría de las familias de los EE. UU. tenía un carro en ese entonces, lo que aumentó la demanda de gasolina. Más perforaciones en alta mar, por las que se bombea el petróleo de pozos en el fondo del mar, ayudaban a satisfacer la creciente demanda de petróleo.

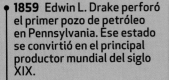

VAPORES VALIOSOS

Donde hay petróleo por lo general se encuentra otro combustible fósil, el gas natural. El gas natural es inodoro, incoloro y su quema es más limpia que la del carbón o el petróleo. Como el gas es venenoso e inflamable, los proveedores le agregan una sustancia química que huele mal. El olor advierte que hay una pérdida de gas. El gas natural calefacciona muchos hogares. ¿Cuál es la historia de este valioso vapor?

Un relámpago incendió esta filtración de gas en Turquía. Una filtración de gas es donde el gas escapa a la superficie.

EL PETRÓLEO Y EL GAS NATURAL SE FORMARON JUNTOS HACE CIENTOS DE MILLONES DE AÑOS. . .

Animal unicelular

El petróleo y el gas se formaron en antiguos mares poco profundos donde algas unicelulares a la deriva absorbían la energía del sol como alimento. A su vez, animales unicelulares se comían las algas.

A medida que morían, sus restos se apilaban en el fondo del mar. ¿Quién podría imaginar que estas diminutas formas de vida iban a dar energía al mundo moderno?

Algas

Fondo marino

Nivel del mar

Pero muchas cosas tuvieron que suceder antes de que los restos se pudieran convertir en combustibles fósiles. Para empezar, las bacterias tenían que descomponer los restos solo parcialmente. También los restos debían quedar enterrados rápidamente.

Capas de roca

Querógeno

Con el tiempo, los restos se convirtieron en una sustancia oscura y aceitosa llamada **querógeno.**

Luego, la cantidad correcta de sedimento tuvo que apilarse sobre el querógeno. Como estaba enterrado de 2,250 a 4,500 metros (de 7,500 a 15,000 pies), la temperatura y la presión "cocinaron a fuego lento" el querógeno y lo convirtieron en petróleo crudo.

Capa de roca sólida

Petróleo crudo

Petróleo crudo

A temperaturas más bajas, el petróleo crudo permaneció en estado líquido. A temperaturas más altas, parte de él se convirtió en gas. El petróleo y el gas se elevaron lentamente hacia la superficie a través de grietas en las capas de roca.

GAS

En la actualidad, la mayor parte del petróleo y el gas está atrapada bajo tierra. Una trampa es un espacio subterráneo en el que el petróleo y el gas están contenidos bajo una "tapa" de roca sólida.

En las trampas, el gas y el petróleo se acumulan y se separan. El gas se elevó a la parte superior mientras que el petróleo líquido se asentó en el fondo.

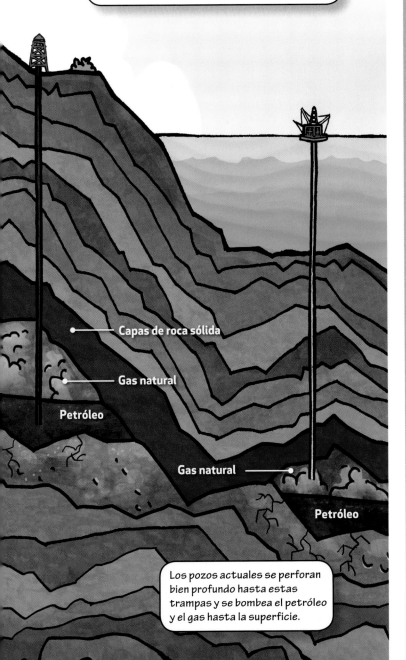

Capas de roca sólida

Gas natural

Petróleo

Gas natural

Petróleo

Los pozos actuales se perforan bien profundo hasta estas trampas y se bombea el petróleo y el gas hasta la superficie.

c. 211 a. C.
El primer pozo de gas natural conocido estaba en China. Los chinos quemaban el gas para hervir agua de mar. El agua se evaporaba y quedaba la sal.

1821
El primer pozo de gas en Norteamérica se perforó cerca de Fredonia, Nueva York.

1885
Robert Bunsen perfeccionó el mechero de Bunsen, que mezclaba agua y gas para producir una llama controlada. Esta tecnología permite cocinar con hornillos de gas.

1891
Se completa una de las primeras tuberías de gas natural. Iba de Indiana a Chicago. Pero la tubería tenía pérdidas y era ineficiente.

Fines de la década de 1940
Se encontraron mejores maneras de construir tuberías. El transporte del gas a largas distancias se hizo más fácil.

Décadas después de la Segunda Guerra Mundial
Se construyeron miles de kilómetros de tuberías de gas modernas. El gas ha sido importante para calefaccionar hogares desde entonces.

REY CARBÓN

El carbón es el rey de la electricidad. Aproximadamente la mitad de la electricidad que usan los estadounidenses proviene de centrales eléctricas donde se quema carbón. Para producir esta electricidad, en los Estados Unidos se queman más de mil millones de toneladas de carbón cada año. Un tren de carbón de 2.4 kilómetros (1.5 millas) de largo apenas lleva suficiente carbón para hacer funcionar una central eléctrica grande por un día. El carbón es el combustible fósil más abundante, por lo tanto, es el que resulta más barato quemar. Desgraciadamente, el carbón también es el que emite más contaminación.

CARBÓN

El carbón es un ingrediente de muchos perfumes.

Los jabones que contienen carbón pueden ser efectivos para el tratamiento de enfermedades de la piel como la caspa y el acné.

brea de carbón

jabón aromatizado

brea de carbón
jabón aromatizado

Los fabricantes suelen agregar a los fertilizantes sustancias químicas hechas de carbón.

c. 400 d. C. Los científicos han encontrado cenizas de carbón en ruinas romanas. Los chinos pueden haber usado carbón tan temprano como en 1000 a. C.

Siglo XVII Los científicos aprendieron a calentar el carbón para producir un combustible llamado coque. El coque se puede quemar a temperaturas muy altas. Se usa mucho para fundir minerales y producir hierro y otros metales.

LA HISTORIA DEL CARBÓN COMIENZA HACE CIENTOS DE MILLONES DE AÑOS. . .

La historia comienza mucho antes de que existieran los seres humanos, en bosques pantanosos y frondosos llenos de plantas que absorbían la energía del sol. Cuando estas plantas morían, otras nuevas ocupaban rápidamente su lugar.

Con el tiempo, gruesas capas de plantas muertas se acumularon en el piso del bosque. Las capas formaron una alfombra enlodada húmeda.

Turba

Antes de que se pudiera formar el carbón, las bacterias tuvieron que convertir los restos vegetales en un material esponjoso llamado **turba.** La turba se acumuló en fajas gruesas.

A lo largo de millones de años el sedimento se apiló lentamente en la parte superior de la turba. El inmenso peso del sedimento produjo una presión y un calor tremendos. La turba se cocinó lentamente y se convirtió en un tipo de carbón blando marrón-negruzco.

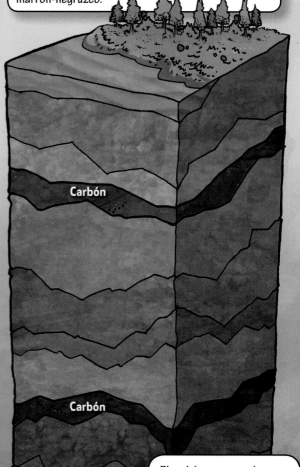

Carbón

Carbón

Carbón

El carbón permanecía blando a menos que quedara enterrado a más profundidad. Cuanto mayor eran el calor y la presión, más duro se volvía el carbón. Los carbones que están a mayor profundidad son más valiosos. Contienen las cantidades más altas de carbón y producen más calor cuando se queman.

Fines del siglo XVIII Se inventó el motor de vapor a carbón. El motor de vapor hacía funcionar máquinas de fábricas y aceleró la revolución industrial.

Siglo XX El carbón se convirtió en el principal combustible de las centrales eléctricas.

Compruébalo   ¿Por qué el petróleo, el gas natural y el carbón se llaman combustibles fósiles?

La energía renov

por Barbara Keeler

La isla Samso, en Dinamarca, es casi independiente de los combustibles fósiles. Los isleños tienen más electricidad eólica de la que pueden usar.

El desierto de Mojave se extiende a través de varios Estados de los EE. UU. Aquí, una red de centrales eléctricas solares brinda electricidad a más de 230,000 hogares.

William Kamkwamba

En una aldea pobre de Malawi, África, la familia de William Kamkwamba, de 14 años, usaba lámparas que quemaban querosén, un combustible que se hace con petróleo. Con un libro de la biblioteca y partes de chatarra, William construyó una máquina de viento para producir electricidad para su casa. Pero no se detuvo allí.

Luego, construyó un molino de viento que bombeaba agua de pozo para su aldea. Hacia 2009, cinco molinos bombeaban agua y generaban electricidad para toda la aldea de William. Luego, William también construyó paneles solares para brindar iluminación con energía solar.

Kristianstad, Suecia, redujo a la mitad su consumo de combustibles fósiles. Ahora toda la calefacción de la ciudad se produce usando cáscara de papa, restos de alimentos, intestinos de cerdo y otros materiales orgánicos.

La represa de las Tres Gargantas, en China, está sobre el río Yangtsé. China lidera el mundo en cuanto a energía hidroeléctrica o electricidad que se produce utilizando agua que fluye.

El Gran Valle del Rift está en el este de África. Áreas del valle tienen vastas reservas de agua subterránea extremadamente caliente. Kenia la aprovecha para brindar electricidad a ciudades y aldeas.

El alto costo y la disponibilidad limitada de combustibles fósiles alienta a personas como William Kamkwamba a usar fuentes alternativas de electricidad. Otros quieren reducir el daño medioambiental que produce la extracción y la quema de combustibles fósiles. Muchos Gobiernos quieren usar los recursos renovables de la Tierra en gran escala.

Las fuentes de **energía renovable** están brindando más electricidad de la que alguna vez brindaron los combustibles fósiles. La energía renovable proviene de recursos, como la luz solar y el viento, que no se agotarán. Exploremos cómo se usa la energía renovable en todo el mundo.

El río Yangtsé

El primer destino en tu paseo de la energía renovable es la central de energía hidroeléctrica más grande del mundo: la represa de las Tres Gargantas, en China. (Hidro significa agua). Esta monumental represa hidroeléctrica mide 2.3 kilómetros (1.4 millas) de largo y 185 metros (607 pies) de alto. Puede generar unos astronómicos 22,500 megawatts. Esa es suficiente electricidad para abastecer a 4.5 millones de hogares.

La energía del agua que fluye se usa desde hace mucho tiempo. Los pueblos de la antigua Grecia y de China fueron los primeros en usar el agua que fluye para mover las partes de los molinos de harina, máquinas que muelen granos y hacen harina. Miles de años después, ruedas hidráulicas impulsaron el comienzo de la Revolución Industrial. Las represas hidroeléctricas aprovechan esta energía para producir electricidad.

- Los chinos comenzaron a usar ruedas de agua para hacer girar piedras circulares alrededor de 300 a. C. Las piedras quitaban la cáscara, o vaina, a los granos de arroz.

- La represa de las Tres Gargantas genera tanta electricidad como 15 reactores nucleares.

- La represa evita que la basura fluya hacia el océano. Los expertos estiman que hasta 2006 había bloqueado diez millones de toneladas de bolsas de plástico, botellas y otros desperdicios.

Muchos se oponen a las represas hidroeléctricas. La tierra detrás de la represa debe inundarse, lo que destruye hábitats y desplaza comunidades.

Cuando la represa de las Tres Gargantas se completó en 2012, un área de tierra del tamaño de Toronto, Canadá, se inundó. Aproximadamente 1.4 millones de personas tuvieron que mudarse. Aún así, la central eléctrica de la represa también evitó que se construyeran más centrales eléctricas de carbón. Quemar menos carbón ayuda a reducir la contaminación.

La represa de las Tres Gargantas elevó el nivel del agua. El agua más profunda permite que barcos más grandes del puerto de Shanghái se adentren más en el río.

Una isla en el Kattegat

La siguiente en nuestro paseo de la energía renovable es la isla danesa de Samso. Los vientos helados barren la isla, azotando árboles y banderas. Sin embargo, a los 4,000 residentes no les importa. Dependen del viento para obtener toda su energía eléctrica. Sus turbinas eólicas producen más energía de la que necesitan. Muchos residentes tienen acciones en las turbinas. Reciben dinero por la energía adicional que se vende para hacer funcionar fábricas fuera de la isla. La energía eólica ahora suministra el 100 por ciento de la electricidad de Samso y el 20 por ciento de la de Dinamarca.

La energía de Samso solía depender de centrales eléctricas a carbón. Luego, a fines de la década de 1990, Samso ganó una competencia que organizó el Gobierno de Dinamarca. Samso se convirtió en la "Isla de la Energía Renovable" de Dinamarca. El objetivo era volverse completamente autosuficiente. En solo ocho años, la mayor parte de la energía que producía el petróleo, el gas y el carbón se reemplazó con energía renovable.

Las 11 turbinas de Samso con base en la tierra son más altas que un edificio de cinco pisos y tienen aspas que miden 27 metros (89 pies) de extremo a extremo. Las diez turbinas de Samso en altamar son aún más altas, con aspas que miden 40 metros (130 pies) de extremo a extremo. Eso es aproximadamente la longitud de seis carros estacionados en fila.

A diferencia de muchas centrales que generan electricidad, las granjas eólicas pueden generar energía sin ocupar mucho terreno. Los granjeros de Samso comparten sus terrenos con las turbinas. Cosechan lo que está en el suelo y también lo que sopla sobre él.

- ¿Qué tienen en común las turbinas de alta tecnología y los molinos de viento antiguos? Aprovechan la energía del viento de la misma manera, mediante aspas. La idea se remonta más de dos mil años atrás, cuando los molinos de viento molían granos en Medio Oriente. Los comerciantes europeos volvieron con esta idea a Europa.

- Cada una de las turbinas de tierra de Samso produce suficiente electricidad para abastecer a 630 hogares.

- Cada una de las turbinas más grandes que la isla tiene en el mar produce suficiente energía eléctrica para abastecer a 2,000 hogares.

La ciudad más verde de Suecia

En 1999, los representantes de Kristianstad y 25 comunidades aledañas emitieron un voto histórico. Decidieron hacer que Kristianstad no dependiera más de los combustibles fósiles. Para 2008, la ciudad había reducido a la mitad el uso de combustibles fósiles reemplazándolos por energía renovable.

Kristianstad es el centro de la industria del procesamiento de alimentos en Suecia. Las granjas y las fábricas producen allí toneladas de desechos orgánicos: cáscaras de papa, ramas de árboles podados, estiércol, aceite de cocina usado, vísceras (partes de animales que no se consumen), y así sucesivamente. Estos materiales se llaman **biomasa.**

Los residentes tuvieron que cambiar su definición de "desecho". ¿Por qué? Gran parte de lo que alguna vez iba a los vertederos ahora es una importante fuente de energía renovable.

Dos refinerías de biomasa convierten la mayor parte de los desechos de biomasa a biogás. El biogás es metano, un gas inflamable que se puede quemar para generar calor y electricidad.

Hacia 2011, la biomasa suministraba toda la energía para calefaccionar Kristianstad. Incluso parte del biogás se convierte en **biocombustible** para carros. Los vehículos de la ciudad funcionan con biocombustibles producidos a partir de biomasa. Sin el biocombustible, la ciudad necesitaría comprar más de 3.7 millones de litros (1 millón de galones) de gasolina por año.

El nuevo reactor de biogás de la ciudad tendrá una capacidad de 6 millones de litros (1.6 millones de galones) de desechos orgánicos. Unas hélices revolverán el material. Revolver los desechos pegajosos ayuda a que los microbios los digieran. Los microbios producirán biogás a medida que consuman los desechos.

- En Kristianstad se gasta un poco más de $3 millones por año para calefaccionar los edificios públicos. Si siguieran usando combustibles fósiles, gastarían aproximadamente $7 millones.

- Para calefaccionarse, en la ciudad se queman desechos de madera, como las ramas de la poda. Gránulos de madera de combustión lenta calefaccionan un invernadero de la ciudad.

- Los residentes no obtienen todo su biogás de la biomasa. También recolectan el biogás que se escapa de un viejo vertedero.

El desierto de Mojave

Lejos de Suecia se encuentra el soleado desierto de Mojave en los Estados Unidos. Partes del Mojave promedian 340 días de luz solar por año, que es mucho potencial energético solar.

Una manera de convertir la luz solar en electricidad es concentrar la luz solar en una superficie. Eso es lo que hace Sistemas de Generación de Energía Solar (SEGS, por sus siglas en inglés). Esta instalación de electricidad solar en el sur de California es la más grande del mundo.

Aquí, 936,384 espejos se orientan al Sol conforme gira la Tierra. Los espejos reflejan la luz solar de una manera especial. Son curvos, para concentrar la luz reflejada en tuberías llenas de líquido. El calor que resulta hierve el líquido de las tuberías. El líquido que hierve produce vapor. El vapor acciona turbinas que generan electricidad.

SEGS es una red de nueve plantas solares construidas en la década de 1980, cuando el precio de los combustibles fósiles era alto. El interés en la energía solar decayó cuando bajaron los precios de los combustibles fósiles. No se construyeron más plantas solares grandes en los EE. UU. hasta que se completó Nevada Solar One en 2007.

- SEGS ocupa más de 6.5 kilómetros cuadrados (2.5 millas cuadradas) del Mojave.

- Si se alinean los espejos uno junto a otro, se extenderían más de 370 kilómetros (229 millas).

- En menos de un minuto, la luz solar baña el planeta con suficiente energía para impulsar toda la actividad humana durante un año.

Desierto de Mojave

CALIFORNIA · NEVADA

DESIERTO DE MOJAVE

Las Vegas

SEGS VIII-IX · Nevada Solar One

SEGS III-VII · SEGS I-II

Los Ángeles

Río Colorado

ARIZONA

0 50 100 Millas
0 50 100 Kilómetros

Tubería llena de fluido

Los espejos enormes en Nevada Solar One están orientados hacia el sol naciente.

Al igual que SEGS, Nevada Solar One tiene espejos que concentran la luz solar. Ahora se construyen nuevas plantas solares en el Mojave.

Las turbinas que se accionan con vapor no son la única manera de generar electricidad con la luz solar. Las células solares pueden convertir la luz solar en electricidad en forma directa. Las células se agrupan en paneles. Los satélites espaciales usan células solares, como también muchos relojes, calculadoras y edificios con paneles solares en el techo. En la actualidad, muchos propietarios en los soleados Estados del sudoeste obtienen su electricidad de paneles solares en sus techos.

El Gran Valle del Rift

El último destino en tu paseo de la energía renovable es un lugar con atractivo geológico: el Gran Valle del Rift, en el este de África. Este sistema de valles tiene termas calientes que burbujean, géiseres que arrojan líquido y volcanes violentos. Kenia se encuentra en el medio de toda esta actividad geológica. "Debajo del [valle] accidentado yacen vastos recursos de **energía geotérmica** no explotados", explica el científico keniano Pacifica Ogola. *Geotérmico* significa calor del interior de la Tierra.

En lugares como el Gran Valle del Rift, el magma, o roca derretida extremadamente caliente, calienta las rocas y el agua subterránea. Se bombea el agua y el vapor caliente a la superficie en pozos. El vapor hace girar turbinas que generan electricidad. La energía geotérmica es comparablemente más barata y siempre está disponible, pero solo en lugares donde el magma está cerca de la superficie. Un lado negativo es que emite gases que huelen mal.

Kenia solía depender más de las represas hidroeléctricas para satisfacer su demanda energética.

Agua caliente de debajo de la tierra hierve en la superficie junto al lago Bogoria, en Kenia. A la distancia, un géiser dispara agua caliente al aire.

Pero sequías severas han dejado secas sus centrales hidroeléctricas. Esto motivó que Kenia se convirtiera en el primer país de África en construir una central eléctrica geotérmica. Kenia planea construir más centrales eléctricas, y otros países siguen su ejemplo.

Conforme se desarrollan más países, la demanda de energía se expande mientras que el suministro de combustibles fósiles se reduce. Afortunadamente, se está produciendo una revolución energética en todo el mundo. Se encuentran mejores maneras de aprovechar los recursos de energía renovable. Algún día los combustibles fósiles serán parte de la historia, y la energía renovable y alternativa ya no será alternativa... será convencional.

Tuberías transportan agua y vapor calentado por la tierra a una central eléctrica.

- Las temperaturas en el núcleo de la Tierra son comparables con las de la superficie del Sol.

- El agua subterránea caliente puede calefaccionar habitaciones. Las tuberías que llevan el agua emiten calor y calientan el aire.

- En 2012, aproximadamente el 75 por ciento de los kenianos carecía de acceso normal a la electricidad. Los gobernantes planean usar energía geotérmica para brindarles electricidad a más kenianos.

Compruébalo ¿Cuál de los recursos energéticos alternativos funcionaría mejor donde vives? ¿Por qué crees eso?

DEBATE SOBRE
LA ENERGÍA
EÓLICA

por Barbara Keeler

Un viento hostil sopló sobre la isla hawaiana de Lāna'i conforme se realizaba el debate sobre si se debía construir una granja eólica. El debate ha "electrizado" a esta comunidad de aproximadamente 3,000 personas. Los argumentos sobre la granja eólica propuesta han puesto a vecinos, e incluso a familiares, en contra. Como defensora de la energía eólica, Alberta de Jetley dijo: "Mi hermano está en contra. Mi cuñada está en contra. Otra cuñada está a favor".

Varias docenas de residentes se reunieron para expresar sus puntos de vista una tarde de agosto. Llevaron carteles pintados a mano y altavoces. Manifestaciones como esta se hacen cada vez más comunes en esta isla anteriormente pacífica.

HISTORIA DE FONDO Lāna'i es una isla privada desde la década de 1870. Por muchos años, fue la plantación de piñas más grande de los Estados Unidos. En la década de 1960, una compañía llamada Castle & Cooke se hizo cargo de la administración de la isla. La compañía construyó hoteles, campos de golf y restaurantes para atraer a los turistas.

Todo estaba bien hasta que Castle & Cooke hizo planes para construir una granja eólica en la isla. La mayor parte de la electricidad se iba a vender a la vecina isla hawaiana de O'ahu. Castle & Cooke prometió ciertos beneficios a los residentes de Lāna'i.

La isla se vendió de nuevo en 2012. Castle & Cooke conservó el derecho de construir la granja eólica, y el debate continuó.

Los fuertes vientos de Lāna'i hacen que sea el lugar ideal para una granja eólica. Sus oponentes argumentan que las áreas naturales de la isla deben ser preservadas.

A FAVOR DEL VIENTO

¿Debe Castle & Cooke construir una granja eólica en Lāna'i? La respuesta es "sí". Lāna'i necesita viento en sus velas para avanzar. Existen varias buenas razones por las que Lāna'i debe adoptar el uso de energía eólica.

Primero, el lugar es ideal para una granja eólica. Los vientos permanentes de Lāna'i garantizan que las turbinas eólicas producirán una electricidad confiable y económica.

Segundo, el viento es una fuente de **energía renovable,** por lo tanto, nunca se agotará. La energía eólica también reducirá la dependencia del carbón y el gas natural, que son costosos y contaminantes. Las granjas eólicas no producen las emisiones de dióxido de carbono que contribuyen al cambio climático.

Tercero, construir turbinas eólicas en Lāna'i reduce los costos de todos. La propuesta de la granja eólica incluye reducir las tarifas de electricidad para quienes viven en Lāna'i. Exportar la electricidad generada con el viento de Lāna'i a O'ahu posiblemente podría reducir las tarifas de Lāna'i en un 40 por ciento.

Cuarto, la economía basada en el turismo de Lāna'i ha sido perjudicada recientemente, y algunas personas han abandonado la isla porque hay menos puestos de trabajo. La energía eólica creará fuentes de trabajo. Se crearán puestos de trabajo en la construcción para ensamblar las turbinas, y la central eléctrica eólica necesitará trabajadores permanentes. Además, Castle & Cooke prometió donar aproximadamente $1 millón por año para apoyar la economía de la isla.

A algunos les preocupa el impacto social en la comunidad de la isla. Pero según Castle & Cooke, la pesca, las actividades de campamento al aire libre y las áreas de recreación públicas permanecerán abiertas.

Es hora de que las turbinas eólicas conviertan este recurso natural en puestos de trabajo, oportunidades y dinero para los habitantes de Lāna'i.

EN CONTRA DEL VIENTO

¿Los residentes deberían querer que un cuarto de Lāna'i esté cubierto con feas turbinas eólicas y vivir con su zumbido constante? La respuesta es "no", y este es el por qué.

Primero, olvida los argumentos "verdes". Una buena estrategia de energía ecológica se debe enfocar en administrar la demanda de electricidad, no aumentar el suministro. Si se le da más energía a O'ahu, Lāna'i fomentaría que en O'ahu se use más electricidad.

Segundo, las turbinas eólicas pondrán en peligro la vida silvestre local. ¿Alguien alguna vez ha visto un aspa de turbina eólica matar un ave? Un gran número de aves y murciélagos mueren en colisiones con turbinas de viento donde sea que se construyen turbinas eólicas.

Las aves no serán la única forma de vida silvestre en peligro. El cable que transporta la electricidad a O'ahu penetrará el Santuario Marino Nacional de las Ballenas Jorobadas en las islas de Hawái.

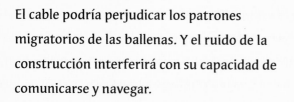

El cable podría perjudicar los patrones migratorios de las ballenas. Y el ruido de la construcción interferirá con su capacidad de comunicarse y navegar.

Tercero, la granja eólica pasará por un importante sitio cultural y arqueológico. Esta área se debe preservar.

Cuarto, la mayor parte de las ganancias será para los dueños, que ni siquiera viven en las islas de Hawái. Los puestos de trabajo en la construcción serán temporarios, y el número de puestos de trabajo permanente será pequeño en comparación.

Por último, se debe pensar en el precedente que sientan en permitir que O'ahu use a Lāna'i como central eléctrica. Si hacen eso, ¿qué seguirá? ¿O'ahu querrá enterrar su basura en Lāna'i? Si O'ahu quiere electricidad más barata, que expandan la pequeña granja eólica en su isla.

Compruébalo ¿Qué opinión es más persuasiva? Explica por qué crees eso.

UN COMBUSTIBLE DEL Futuro

por Robert Phalen

En 2012, los expertos estimaron que 1,000 millones más de autos circularán por los caminos del mundo en los próximos diez años. Muchos de ellos funcionarán con un nuevo combustible, el hidrógeno.

En un futuro posible, la electricidad para producir el hidrógeno vendrá de la quema de combustibles fósiles. El proceso emite dióxido de carbono y otros contaminantes.

Dos futuros posibles

Los habitantes de las ciudades quieren aire más limpio. Están cansados de la contaminación diaria que producen millones de carros, camiones y autobuses. Las compañías automotrices escuchan. Juntas están adoptando las **celdas de combustible** de hidrógeno como una alternativa para los vehículos que funcionan con gasolina. Tienen muchas buenas razones. El hidrógeno, comúnmente abreviado "H2", es la sustancia más abundante del universo. Es parte del aire que respiras y el agua que bebes. Solo hay un problema: el combustible hidrógeno se debe producir con electricidad.

Por lo tanto, debemos decidir entre las dos futuras formas de producir hidrógeno.

fuentes de **energía renovable** para generar la electricidad que se necesita para producir el combustible hidrógeno? La quema del combustible hidrógeno es limpia, pero la manera en la que lo producimos determina si aumentamos o reducimos la contaminación.

Autopistas de hidrógeno

¿Llenarán los vehículos que funcionan con hidrógeno las autopistas del futuro? A pesar de muchos obstáculos potenciales, parece probable que el hidrógeno llegó para quedarse. Después de todo, Londres, Berlín y otras ciudades ya tienen sus propios carros y autobuses que funcionan con celdas de combustible hidrógeno.

Una celda de combustible es un dispositivo parecido a una batería que mediante una fuente de combustible, como el hidrógeno, genera electricidad a través de un proceso químico. La electricidad hace funcionar el motor. Las compañías automotrices, las universidades y los Gobiernos fabrican mejores celdas de combustible todo el tiempo, lo que eleva la posibilidad de que el hidrógeno sea un combustible del futuro. ¿Y tú? ¿Cuándo crees que andarás en un vehículo de hidrógeno?

CUATRO RUEDAS Una compañía llamada Riversimple desarrolló un carro de hidrógeno que llegó a las calles de Leicester, Inglaterra, en 2012. Los carros de alta tecnología se alquilan a los residentes para que la ciudad pueda poner a prueba su rendimiento.

El carro H2 de Riversimple puede recorrer 386 kilómetros (240 millas) antes de reabastecerlo con combustible. El vehículo tiene cuatro motores eléctricos, uno por cada rueda. Los conductores tienen acceso a una sola estación de reabastecimiento, pero se están construyendo más estaciones.

> **Carro H2 de Riversimple**

> **El Aqua, de Volkswagen, un aerodeslizador de hidrógeno**

La moto Suzuki Burgman con celdas de combustible

DOS RUEDAS ¿Alguna vez oíste hablar de una motocicleta silenciosa? La moto Suzuki Burgman con celdas de combustible es casi silenciosa. Y lo único que sale de su tubo de escape es vapor de agua. Una celda de combustible debajo del asiento genera electricidad en silencio. La electricidad luego hace funcionar un motor eléctrico en la rueda trasera. La motocicleta tiene un rango de recorrido de más de 161 kilómetros (100 millas) con un tanque de hidrógeno. Es el primer vehículo H2 cuya producción masiva se aprobó en Europa.

SIN RUEDAS Los aerodeslizadores son vehículos que tienen hélices para moverse sobre el suelo. Una diseñadora industrial china reinventó el aerodeslizador con su diseño del Volkswagen Aqua. El Aqua es un aerodeslizador que funciona con hidrógeno. Está diseñado para viajar sobre cualquier superficie, incluso sobre caminos congelados, ríos rápidos y playas arenosas. Los conductores se suben y se bajan por una escotilla en la parte trasera del vehículo. Cada hélice tiene un motor eléctrico que funciona con una celda de combustible, por lo tanto, el carro no produce emisiones dañinas. El Aqua no se ha construido para venderse, por lo tanto, realmente es un carro del futuro... ¡un futuro lleno de posibilidades!

Compruébalo ¿Cuáles son algunas de las ventajas y desventajas de usar el hidrógeno como combustible?

Comenta

1. ¿Qué crees que conecta las cuatro lecturas que leíste en este libro? ¿Qué te hace pensar eso?

2. Elige un combustible fósil y explica cómo se forma.

3. Usa la información del texto para describir algunas de las ventajas y desventajas de cada fuente de energía alternativa en la segunda lectura.

4. En "Debate sobre la energía eólica", ¿cuáles son las razones principales que se dan *a favor* de la granja eólica? ¿Y cuáles son las razones principales que se dan *en contra* de la granja eólica

5. Explica qué quiere decir la frase "dos futuros posibles" en la última lectura.

6. ¿Qué te sigues preguntando sobre las fuentes de energía? ¿Cuáles serían algunas buenas maneras de hallar más información?